영어 필기체로 만나는
어린왕자 영어 필기체 필사

영어 필기체로 만나는
어린왕자
영어 필기체 필사

앙투안 드 생텍쥐페리 원저 | 편집부 엮음

한 때 어린아이였던 모든 어른에게

서문

여전히 어린 왕자를 기다리나요?

_ 마음속 어린 왕자를 영어 필기체로 다시 만나는 시간

"안녕? 어린 왕자.
너와 다시 마주하고 싶은 날이야."

필기체는 특유의 우아한 모양 때문에 늘 따라 하고 싶은 글씨체입니다. 하지만 막상 따로 시간을 내서 혼자 연습해보면 생각보다 어려워서 나중으로 미루곤 합니다. 그렇게 시간이 지나면 또 다른 취미에 빠지거나, '딱히 필기체가 필요할까?'라는 의문으로 한발 물러서게 됩니다.

이 책은 짧은 기간 안에 즐길 수 있는 필기체 연습 책입니다.
가장 기초라고 할 수 있는 알파벳에서 단어, 문장까지 한 글자 한 문장 따라 쓰다 보면 어느새 자연스럽게 필기체를 익히게 될 거예요. 더 나아가서 쓰고 싶었던 영어 문장을 조금 더 아름답게 쓸 수 있도록 도와주는 책입니다.

이 책은 마음에 어린 왕자를 불러오는 책입니다.
그저 쉽게 필기체를 연습하고 쓴다는 데 그치지 않고 전 세계인이 사랑하는 《어린

왕자》 문장을 영문으로 읽고 필기체로 따라 씀으로써 마음마저 부드럽게 만들어 주는 책입니다.

"별에 사는 꽃 한 송이를 사랑하게 되면
밤하늘을 바라보는 것만으로도 행복해져요.
모든 별이 꽃처럼 보이거든요."

취미로서의 영어 필기체 쓰기를 넘어서 마음에 드는 문장을 필기체로 능수능란하게 쓸 수 있도록, 날짜별로 문장을 정리했습니다. 어릴 적 읽었던 어린 왕자의 이야기를 다시 마음 안으로 불러일으키게 될 거예요.

누군가에게 마음을 전하고 싶을 때, 작은 일기장에 조금 더 깊이 새겨 넣고 싶은 문장이 있다면 필기체로 써 보는 건 어떨까요? 그리고 마음을 전하고 싶은 친구에게 어린 왕자의 말을 빌려 필기체로 편지를 보낸다면 더 좋은 선물이 되지 않을까요?

이제, 조금 더 깊게 내 마음을 들여다보게 되는
《영어 필기체로 만나는 어린 왕자》를 시작해보세요.

목차

서문   여전히 어린 왕자를 기다리나요?   4

영어 필기체로 만나는 어린 왕자, 이렇게 연습해 보세요   8

PART 1   한눈에 보는 알파벳 필기체   10

PART 2   알파벳과 단어 연습부터 차근차근   18

PART 3   20일 동안 필기체로 베껴 쓰는 어린 왕자   72

연습장   다시 만날 줄 알았어, 어린 왕자   132

영어 필기체로 만나는 어린 왕자, 이렇게 연습해 보세요

"알파벳 쓰기부터 차근차근 연습하세요.
한눈에 볼 수 있는 표와 쓰는 순서까지 담았습니다."

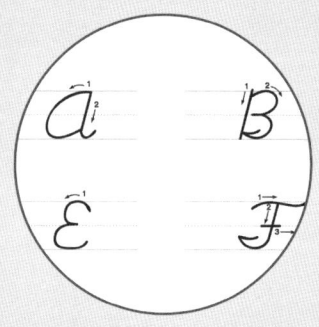

멋진 필기체를 쓰기 위해서는 알파벳 연습이 필요해요. 알파벳의 모양을 쉽게 기억할 수 있도록 큰 폰트를 사용했어요.

무엇보다 바른 필기체 쓰기를 위해서 펜의 움직임 순서까지 꼼꼼하게 알려주는 책이에요.

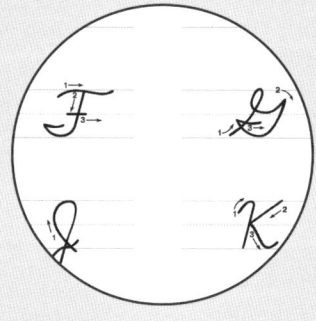

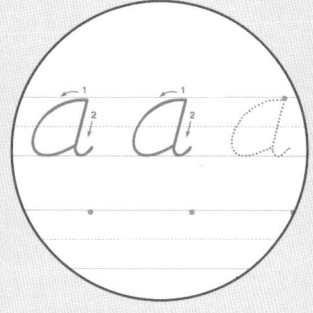

점점 옅은 색으로 알파벳과 단어를 보여주고 있어요. 천천히 따라 쓰면서 손의 감각을 키워 보세요. 빈 공간에서는 책에 표시된 점에서부터 시작하면 어렵지 않을 거예요.

"긴 단어와 짧은 단어를 연습해 보세요."

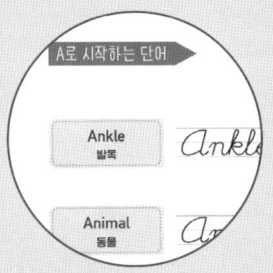

시작하는 단어에서는 각 알파벳으로 시작하는 단어를 선별했습니다. 단어의 시작을 대문자로 표기해 대문자까지 꼼꼼하게 연습할 수 있어요.

중간에 들어가는 단어에서는 각 알파벳이 다른 알파벳과 연결될 때 어떻게 이어지는지 연습할 수 있어요.

끝에 들어가는 단어에서는 각 알파벳이 끝에 위치했을 때, 앞의 알파벳과 어떻게 연결되는지 살펴볼 수 있어요.

"어린 왕자를 만나 보세요."

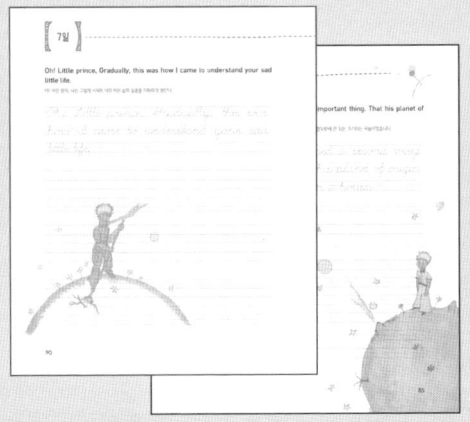

필기체 기본 연습을 끝낸 후에는 어린 왕자를 만날 수 있어요. 마음을 움직이게 만드는 어린 왕자 속 문장을 하루하루 연습해 보세요. 20일 동안 만날 수 있는 어린 왕자지만, 때때로 더 많이 혹은 덜하게 된다고 해도 괜찮아요. 게다가 뒤에 있는 연습장을 통해서도 충분히 연습할 수 있어요.

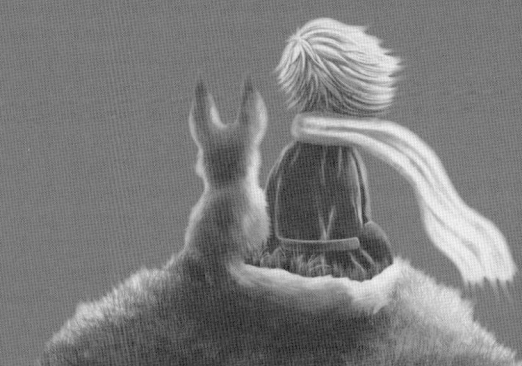

PART 1

한눈에 보는
알파벳 필기체

한눈에 보는 필기체 대문자

𝓐 𝓑 𝓒 𝓓
𝓔 𝓕 𝓖 𝓗
𝓮 𝓙 𝓚 𝓛
𝓜 𝓝 𝓞 𝓟
𝓠 𝓡 𝓢 𝓣
𝓤 𝓥 𝓦 𝓧
𝓨 𝓩

한눈에 보는 필기체 대문자 따라쓰기

한눈에 보는 필기체 소문자

a b c d
e f g h
i j k l
m n o p
q r s t
u v w x
y z

한눈에 보는 필기체 소문자 따라쓰기

대문자 이어쓰기

ABCDEFGHIJKLM
NOPQRSTUVWXYZ

ABCDEFGHIJKLM
NOPQRSTUVWXYZ

ABCDEFGHIJKLM
NOPQRSTUVWXYZ

소문자 이어쓰기

abcdefghijklmnopqrstuv
wxyz

abcdefghijklmnopqrstuv
wxyz

abcdefghijklmnopqrstuv
wxyz

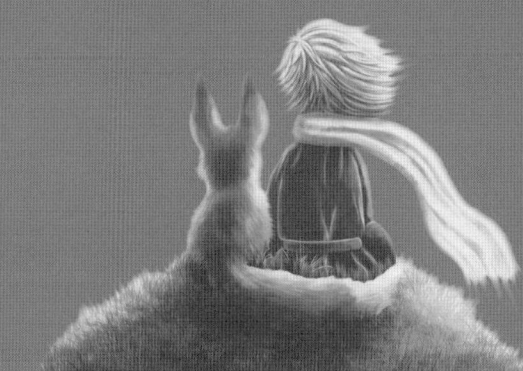

PART 2

알파벳과
단어 연습부터 차근차근

A로 시작하는 단어

Ankle 발목	Ankle Ankle Ankle
Animal 동물	Animal Animal Animal
Airplane 비행기	Airplane Airplane Airplane
Astroid 소행성	Astroid Astroid Astroid
Australia 호주	Australia Australia Australia

▶ a가 중간에 들어가는 단어

| star 별 | star star star |

| fault 잘못 | fault fault fault |

▶ a가 끝에 들어가는 단어

| sea 바다 | sea sea sea |

| idea 발상 | idea idea idea |

B로 시작하는 단어

Bird 새
Bird Bird Bird

Beauty 아름다움
Beauty Beauty Beauty

Believe 믿다, 믿고 있다
Believe Believe Believe

Butterfly 나비
Butterfly Butterfly Butterfly

Businessman 사업가
Businessman Businessman

b가 중간에 들어가는 단어

globe 둥근 물체
globe globe globe

describe 묘사하다
describe describe describe

b가 끝에 들어가는 단어

disturb 방해하다
disturb disturb disturb

climb 오르다
climb climb climb

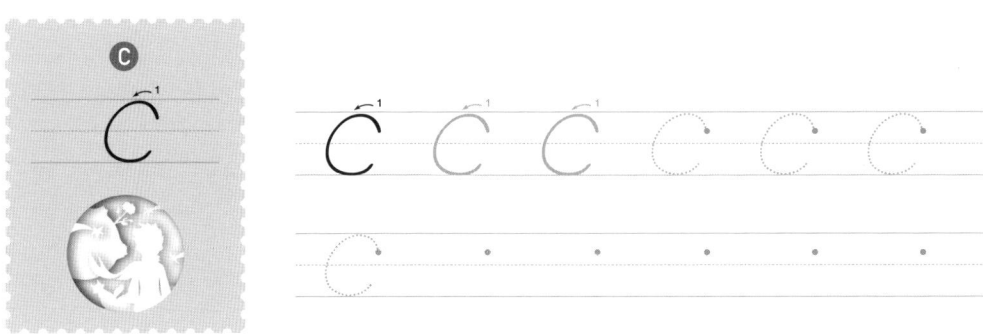

C로 시작하는 단어

Cry 울다	*Cry Cry Cry*
Care 걱정, 주의	*Care Care Care*
Cloud 구름	*Cloud Cloud Cloud*
Create 창조하다	*Create Create Create*
Completely 완전히	*Completely Completely*

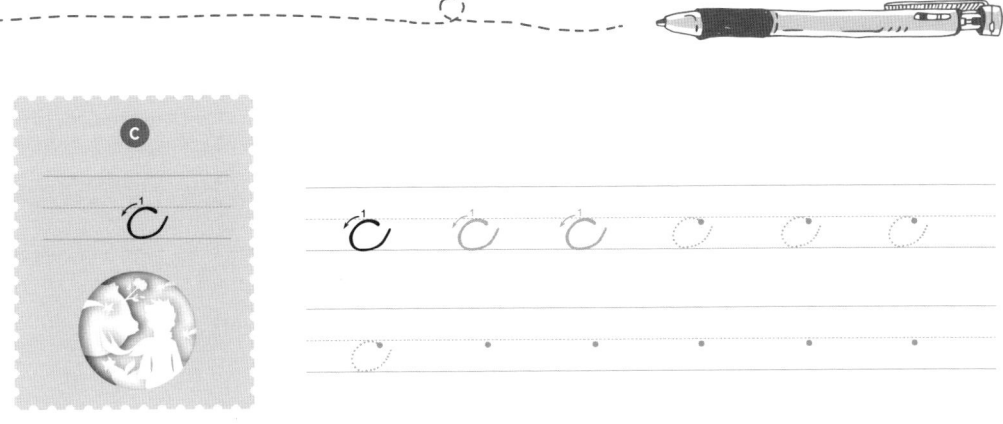

c가 중간에 들어가는 단어

dance 춤
dance dance dance

innocent 순진한
innocent innocent innocent

c가 끝에 들어가는 단어

specific 독특한
specific specific specific

dramatic 극적인
dramatic dramatic dramatic

D로 시작하는 단어

| Draw 그리다 | *Draw Draw Draw* |

| Desert 사막 | *Desert Desert Desert* |

| Dream 꿈 | *Dream Dream Dream* |

| Drunkard 주정뱅이 | *Drunkard Drunkard* |

| Discovery 발견 | *Discovery Discovery* |

d

d d d d d d d

d

▶ d가 중간에 들어가는 단어

edge 날
edge edge edge

ordinary 보통의
ordinary ordinary ordinary

▶ d가 끝에 들어가는 단어

island 육지
island island island

kind 친절한
kind kind kind

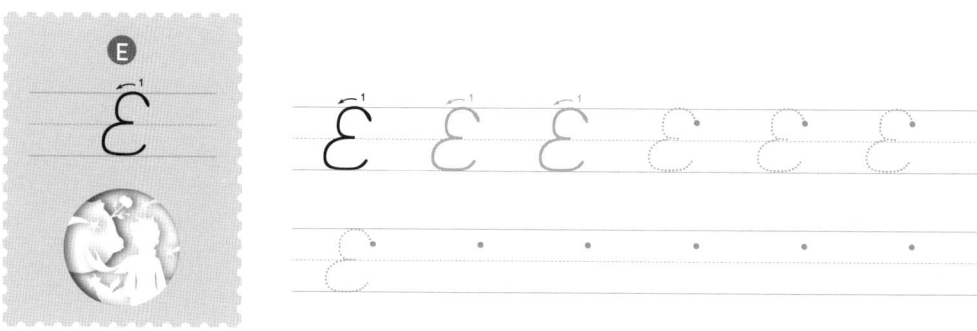

E로 시작하는 단어

Ear 귀	Ear Ear Ear
End 끝	End End End
Enjoy 즐기다	Enjoy Enjoy Enjoy
Explorer 탐험가	Explorer Explorer Explorer
Electricity 전기	Electricity Electricity Electricity

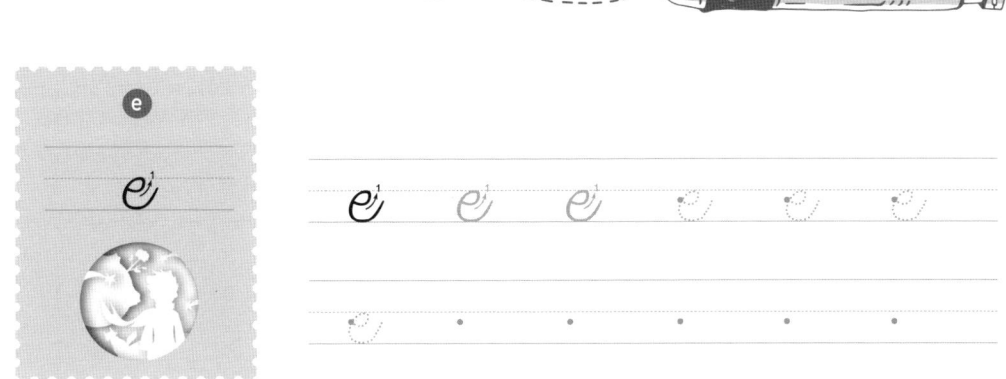

e가 중간에 들어가는 단어

open 열리다
open open open

neck 목
neck neck neck

e가 끝에 들어가는 단어

unite 합치다
unite unite unite

trouble 문제
trouble trouble trouble

F로 시작하는 단어

Fear 두려움 — Fear Fear Fear

Fault 결점, 단점 — Fault Fault Fault

Finish 끝 — Finish Finish Finish

Flower 꽃 — Flower Flower Flower

Footstep 발소리 — Footstep Footstep Footstep

f가 중간에 들어가는 단어

perfect 완벽한 — perfect perfect perfect

official 공식적인 — official official official

f가 끝에 들어가는 단어

oneself 자기 자신 — oneself oneself oneself

handkerchief 손수건 — handkerchief handkerchief

G로 시작하는 단어

Gift 선물	*Gift Gift Gift*
Great 위대한	*Great Great Great*
Gentle 상냥한, 온화한	*Gentle Gentle Gentle*
Gravely 진지한, 엄숙한	*Gravely Gravely Gravely*
Ground 지면	*Ground Ground Ground*

g가 중간에 들어가는 단어

page 쪽
page page page

investigation 연구
investigation investigation

g가 끝에 들어가는 단어

big 큰
big big big

wrong 잘못된
wrong wrong wrong

H로 시작하는 단어

Hope 희망	Hope Hope Hope
Hello 안녕	Hello Hello Hello
Hunter 사냥꾼	Hunter Hunter Hunter
However 그렇지만, 하지만	However However However
Happiness 행복	Happiness Happiness

▶ h가 중간에 들어가는 단어

light 불을 밝히다
light light light

bother 귀찮게 하다
bother bother bother

▶ h가 끝에 들어가는 단어

earth 지구
earth earth earth

finish 끝나다
finish finish finish

I로 시작하는 단어

If 만약에

Inside 내부

Inspire 영감을 받다

Invisible 보이지 않는

Important 중요한

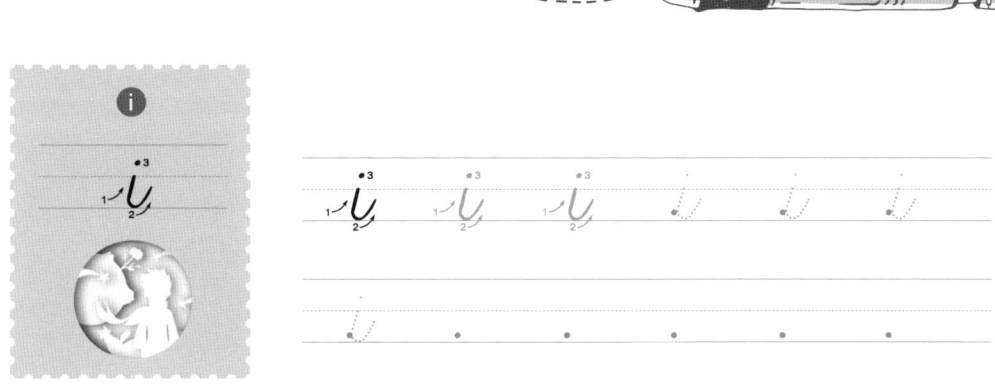

i가 중간에 들어가는 단어

| admire | admire admire admire |
| 감탄하다 | |

| repair | repair repair repair |
| 수리하다 | |

i가 끝에 들어가는 단어

| multi | multi multi multi |
| 다채로운 | |

| fundi | fundi fundi fundi |
| 전문가 | |

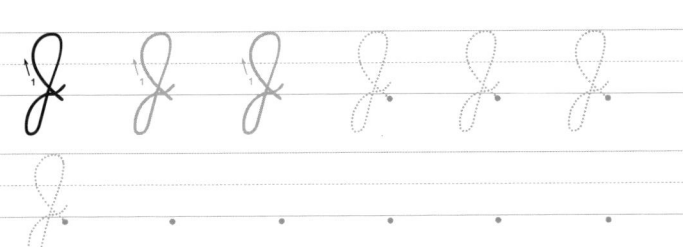

J로 시작하는 단어

Joy 즐거움	*Joy Joy Joy*
Joke 농담	*Joke Joke Joke*
Judge 판결하다	*Judge Judge Judge*
Jupiter 목성	*Jupiter Jupiter Jupiter*
Journey 여행	*Journey Journey Journey*

j가 중간에 들어가는 단어

injury 부상	injury injury injury
adjust 적응하다	adjust adjust adjust
subject 주제	subject subject subject
injustice 불평등	injustice injustice injustice

K K K K K K
K

K로 시작하는 단어

King 왕	King King King
Kill 죽이다	Kill Kill Kill
Knee 무릎	Knee Knee Knee
Kindness 다정한	Kindness Kindness Kindness
Kingdom 왕국	Kingdom Kingdom Kingdom

k가 중간에 들어가는 단어

| make 만들다 | *make make make* |

| like 좋아하다 | *like like like* |

k가 끝에 들어가는 단어

| ask 묻다 | *ask ask ask* |

| speak 말하다 | *speak speak speak* |

L로 시작하는 단어

Lip 입술	Lip Lip Lip
Laugh 웃다	Laugh Laugh Laugh
Lovely 사랑스러운	Lovely Lovely Lovely
Leave 떠나다	Leave Leave Leave
Lamplighter 점등원	Lamplighter Lamplighter

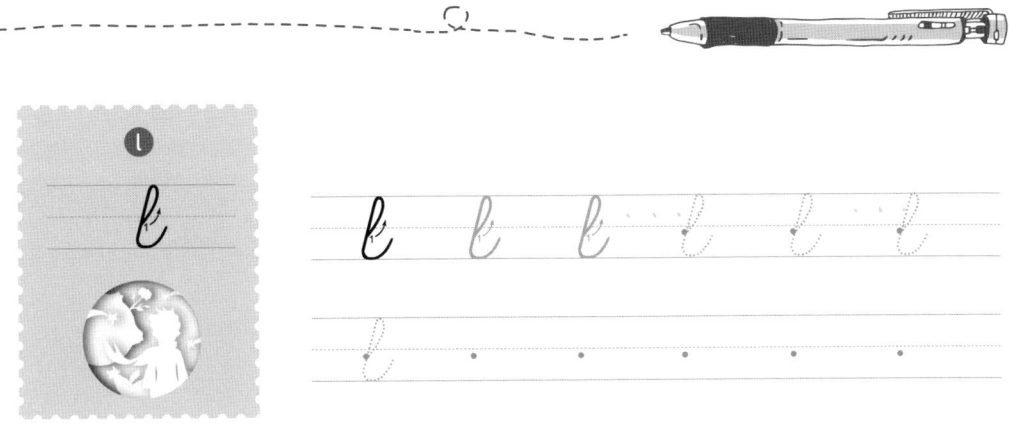

l이 중간에 들어가는 단어

wild 야생의 — wild wild wild

certainly 틀림없이 — certainly certainly certainly

l이 끝에 들어가는 단어

travel 여행하다 — travel travel travel

general 보편적인 — general general general

M로 시작하는 단어

Mind 마음
Mind Mind Mind

Miss 놓치다
Miss Miss Miss

Mars 화성
Mars Mars Mars

Midnight 자정
Midnight Midnight Midnight

Mountain 산
Mountain Mountain

▶ m이 중간에 들어가는 단어

formal 격식을 차린
formal formal formal

example 사례
example example example

▶ m이 끝에 들어가는 단어

harm 피해
harm harm harm

arm 팔
arm arm arm

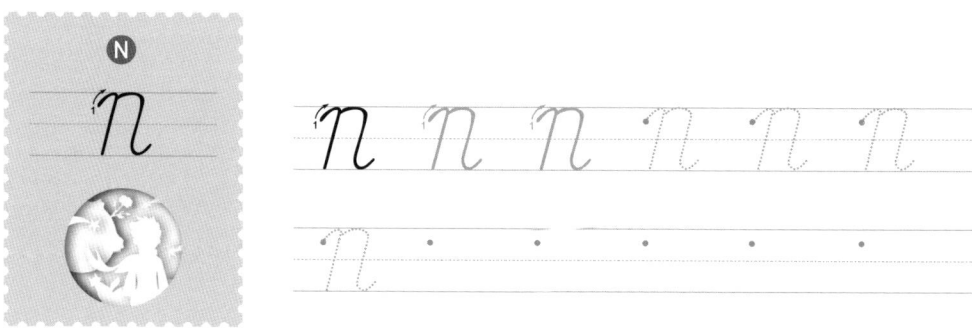

N로 시작하는 단어

Nice 좋은	Nice Nice Nice
Night 밤	Night Night Night
Noise 소음	Noise Noise Noise
Nothing 아무것도 아니다	Nothing Nothing Nothing
Nobody 아무도 ~않다	Nobody Nobody Nobody

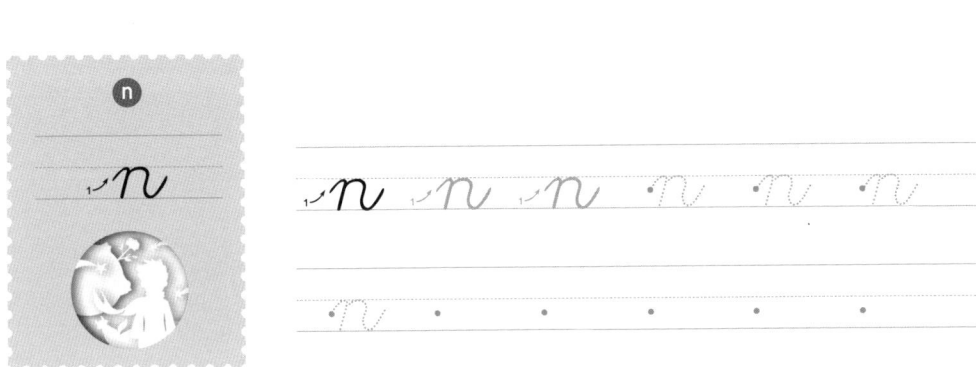

▶ n이 중간에 들어가는 단어

friend 친구

friend friend friend

answer 대답

answer answer answer

▶ n이 끝에 들어가는 단어

poison 독약

poison poison poison

listen 듣다

listen listen listen

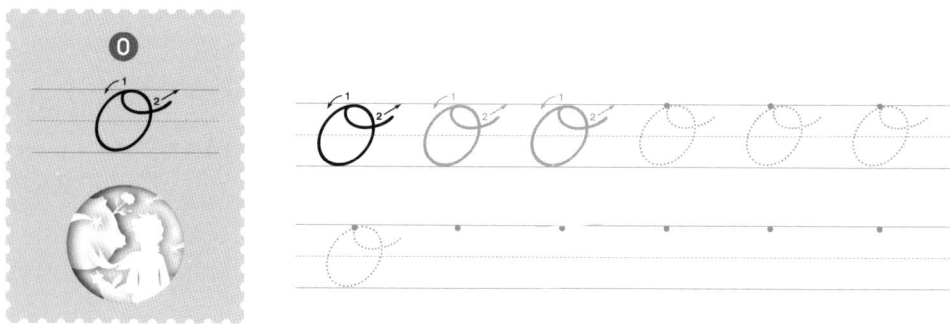

O로 시작하는 단어

Of ~의	Of Of Of
One 하나	One One One
Obey 순종하다	Obey Obey Obey
Object 사물	Object Object Object
Otherwise 그렇지 않으면	Otherwise Otherwise Otherwise

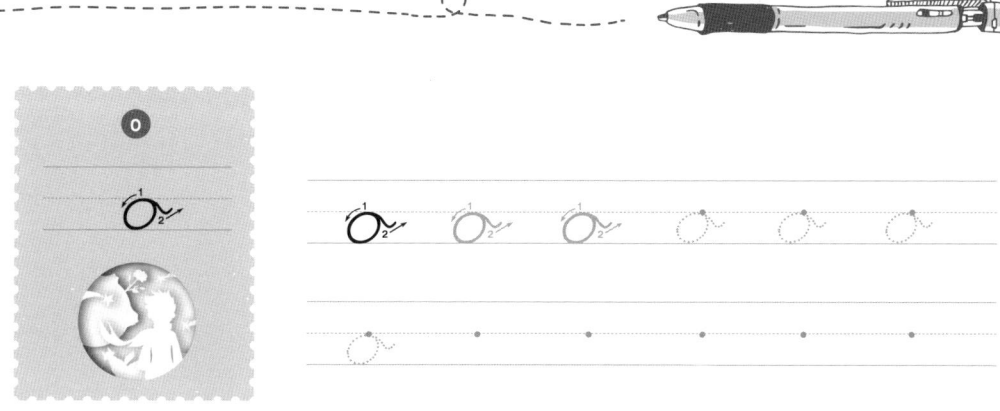

o가 중간에 들어가는 단어

| more
더 많은 | *more more more* |

| look
보다 | *look look look* |

o가 끝에 들어가는 단어

| two
둘 | *two two two* |

| echo
메아리 | *echo echo echo* |

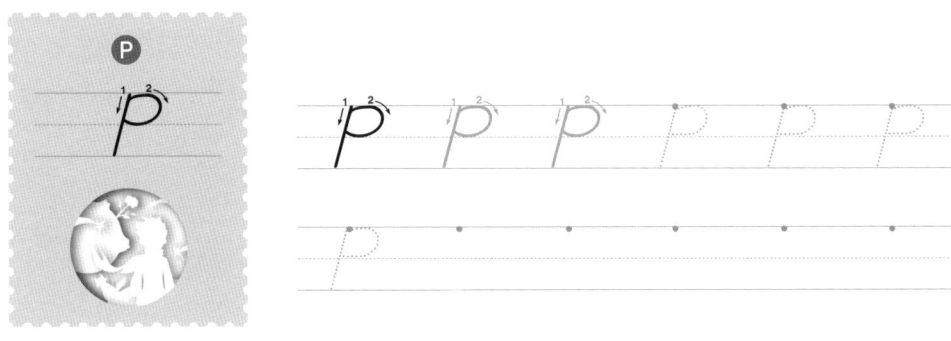

P로 시작하는 단어

Prince 왕자
Prince Prince Prince

Proud 자랑스러운
Proud Proud Proud

Picture 사진
Picture Picture Picture

People 사람들
People People People

Present 현재의
Present Present Present

▶ p가 중간에 들어가는 단어

happen 일어나다 — happen happen happen

surprise 놀라움 — surprise surprise surprise

▶ p가 끝에 들어가는 단어

keep 유지하다 — keep keep keep

help 돕다 — help help help

Q로 시작하는 단어

Quick 빠른	Quick Quick Quick
Quite 꽤	Quite Quite Quite
Queen 여왕	Queen Queen Queen
Quench (갈증을) 해소하다	Quench Quench Quench
Question 질문	Question Question Question

q가 중간에 들어가는 단어

aqua 수분
aqua aqua aqua

inquire 알아보다
inquire inquire inquire

adequate 충분한
adequate adequate adequate

q가 끝에 들어가는 단어

Iraq 이라크
Iraq Iraq Iraq

R로 시작하는 단어

| Ram 숫양 | Ram Ram Ram |

| Rose 장미 | Rose Rose Rose |

| Rich 부유한 | Rich Rich Rich |

| Reason 이유 | Reason Reason Reason |

| Repeat 되풀이 하다 | Repeat Repeat Repeat |

r이 중간에 들어가는 단어

secret 비밀
secret secret secret

born 태어나다
born born born

r이 끝에 들어가는 단어

consider 숙고하다
consider consider consider

over 넘어지다
over over over

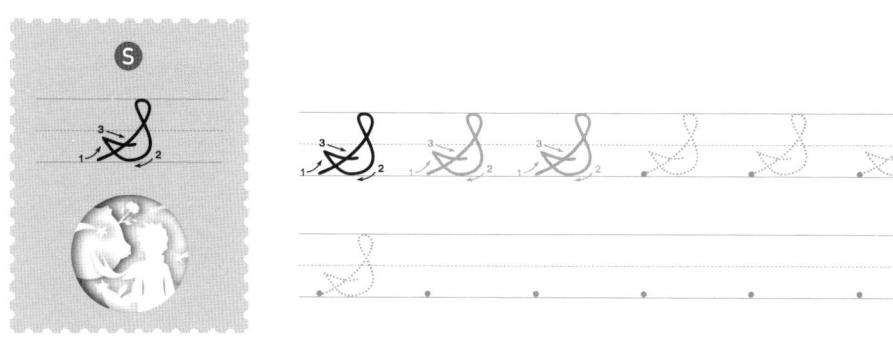

S로 시작하는 단어

Say 말하다	Say Say Say
Sad 슬픈	Sad Sad Sad
Seed 씨앗	Seed Seed Seed
Sunset 일몰	Sunset Sunset Sunset
Suppose 추정하다	Suppose Suppose Suppose

▶ s가 중간에 들어가는 단어

assume 추정하다 — assume assume assume

cost 가격 — cost cost cost

▶ s가 끝에 들어가는 단어

curious 호기심이 많은 — curious curious curious

perhaps 아마 — perhaps perhaps perhaps

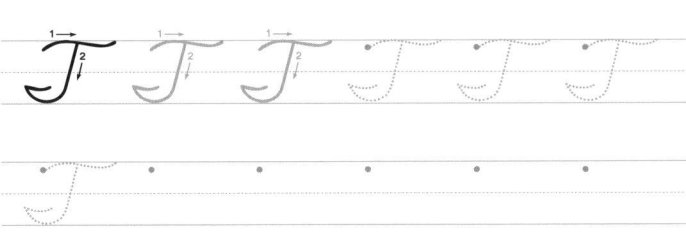

T로 시작하는 단어

True 진실

True True True

Together 함께

Together Together Together

Traveler 여행자

Traveler Traveler Traveler

Terrible 두려운

Terrible Terrible Terrible

Thursday 목요일

Thursday Thursday

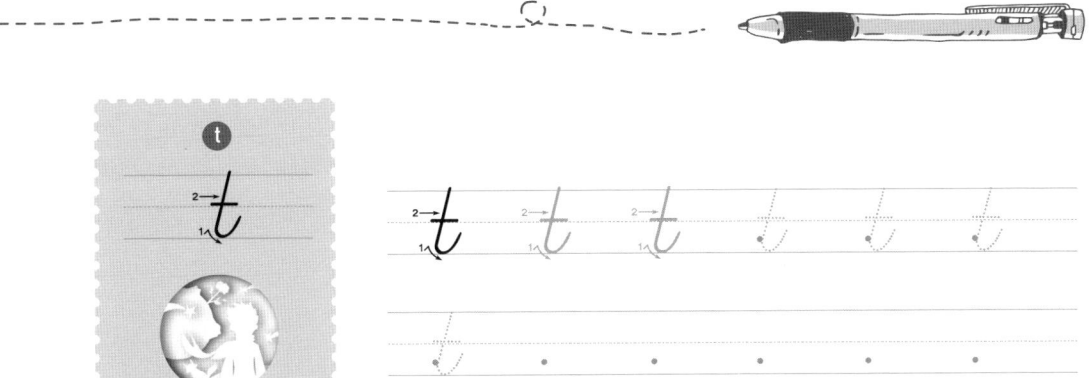

t가 중간에 들어가는 단어

mistake 실수
mistake mistake mistake

empty 비어 있는
empty empty empty

t가 끝에 들어가는 단어

except ~을 제외하고
except except except

scientist 과학자
scientist scientist scientist

U로 시작하는 단어

Up 위로

Up Up Up

Useful 도움 되는

Useful Useful Useful

Universe 우주

Universe Universe Universe

Understand 이해하다

Understand Understand

Underground 지하의

Underground Underground

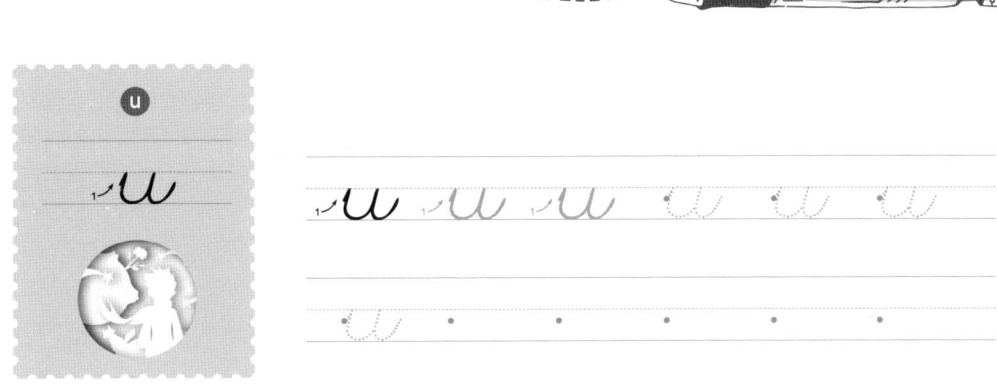

u가 중간에 들어가는 단어

clumsy 서투른 — *clumsy clumsy clumsy*

astound 경악하다 — *astound astound astound*

u가 끝에 들어가는 단어

you 당신 — *you you you*

flu 독감 — *flu flu flu*

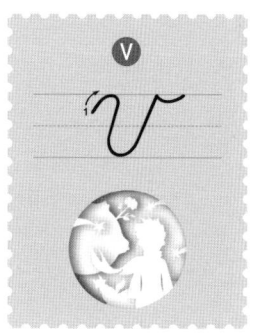

V로 시작하는 단어

View 관점	View View View
Voice 목소리	Voice Voice Voice
Village 마을	Village Village Village
Various 다양한	Various Various Various
Volcano 화산	Volcano Volcano Volcano

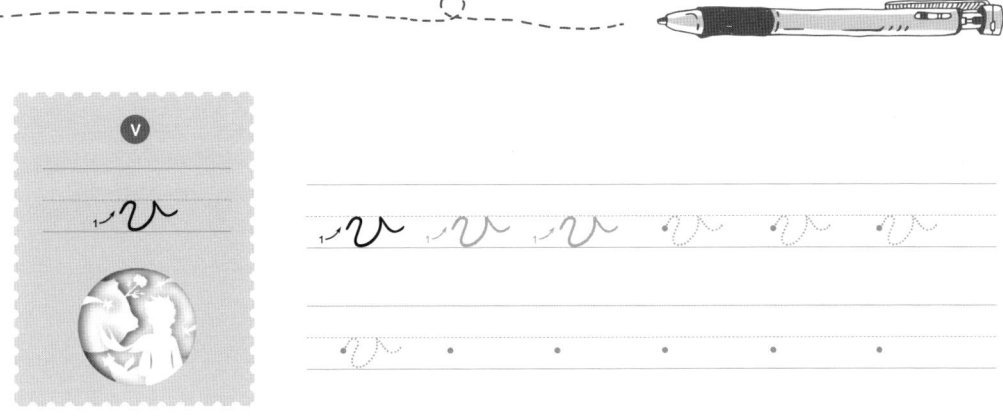

v가 중간에 들어가는 단어

alive 살아 있는 — alive alive alive

novel 소설 — novel novel novel

reverse 뒤바뀌다 — reverse reverse reverse

November 11월 — November November

W로 시작하는 단어

Way 방법	Way Way Way
West 서쪽	West West West
Wish 바라다	Wish Wish Wish
Worry 걱정하다	Worry Worry Worry
Wonderful 놀랄만한	Wonderful Wonderful

w가 중간에 들어가는 단어

| slowly | 천천히 |

slowly slowly slowly

| toward | ~쪽을 향하여 |

toward toward toward

w가 끝에 들어가는 단어

| know | 알다 |

know know know

| tomorrow | 내일 |

tomorrow tomorrow

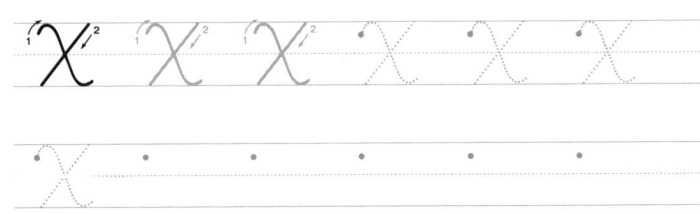

X로 시작하는 단어

Xmas 크리스마스

Xmas Xmas Xmas

Xylophone 실로폰

Xylophone Xylophone
Xylophone

X-ray 엑스레이

X-ray X-ray X-ray

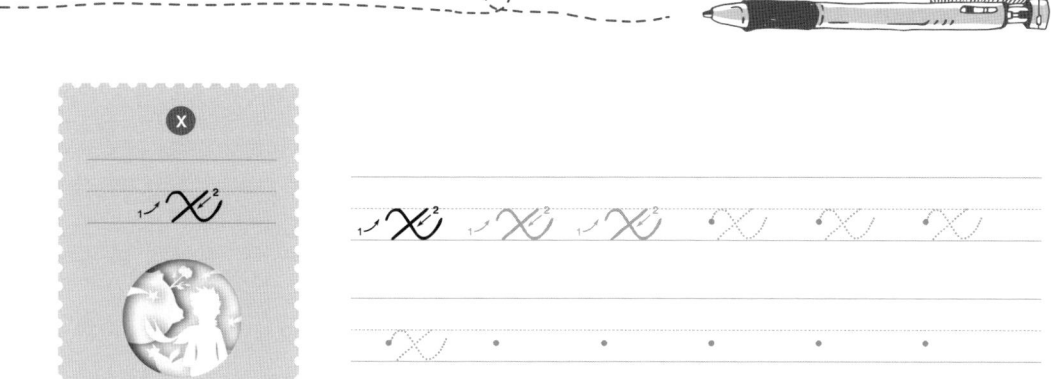

x가 중간에 들어가는 단어

exit 출입구
exit exit exit

next 다음
next next next

x가 끝에 들어가는 단어

relax 쉬다
relax relax relax

fox 여우
fox fox fox

Y로 시작하는 단어

Year
해, 년도

Year Year Year

Yellow
노란색

Yellow Yellow Yellow

Yawn
하품하다

Yawn Yawn Yawn

Young
젊은, 어린

Young Young Young

Yesterday
어제

Yesterday Yesterday

y가 중간에 들어가는 단어

bye 헤어질 때 인사
bye bye bye

always 언제나
always always always

y가 끝에 들어가는 단어

busy 바쁜
busy busy busy

rocky 바위로 된
rocky rocky rocky

Z로 시작하는 단어

Zest 묘미
Zest Zest Zest

Zone 구역
Zone Zone Zone

Zero 숫자 0
Zero Zero Zero

Zebra 얼룩말
Zebra Zebra Zebra

Zoologist 동물학자
Zoologist Zoologist Zoologist

▸ z가 중간에 들어가는 단어

| lazy
게으른 | *lazy lazy lazy* |

| muzzle
입마개 | *muzzle muzzle muzzle* |

▸ z가 끝에 들어가는 단어

| quiz
퀴즈 | *quiz quiz quiz* |

| jazz
재즈 | *jazz jazz jazz* |

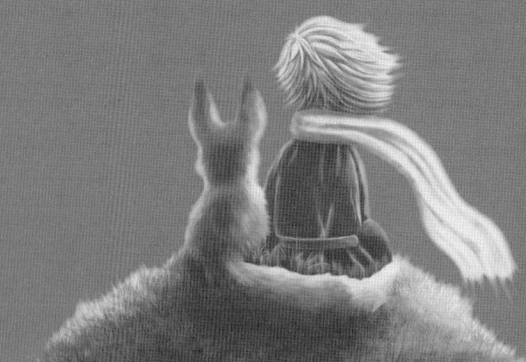

PART 3

20일 동안 필기체로 베껴 쓰는 어린 왕자

[1일]

I ask children to forgive me for dedicating this book to a grow-up.
이 책을 한 어른에게 바치는 것에 대해 어린이들에게 양해를 구합니다.

I ask children to forgive me
for dedicating this book to a grow-up.

All grown-ups were children first.
모든 어른들은 한때 어린아이였습니다.

When I was six years old, I saw a beautiful picture once in a book.
나는 여섯 살 때 아름다운 그림을 한 번 책에서 보았습니다.

I have met many important people in my life. I have lived among grown-ups for a long time. I have seen them up close. But this has not given me a better opinion of them.
나는 살아오면서 중요한 사람들 많이 만났습니다. 아주 오랜 시간 동안 어른들 속에서 살았던 것입니다. 나는 그들을 가까이에서 봐왔지만 그렇다고 해도 어른들에 대한 내 생각은 나아지지 않았습니다.

2일

I looked at this little boy with great surprise. Do not forget that I was in the desert, thousands of miles from anyone or anywhere. But this young boy did not seem lost, tired, hungry or afraid. He looked nothing like a child lost in the middle of desert.

나는 굉장히 놀라서 그 어린아이를 바라봤습니다. 당시의 나는 사람들이 사는 곳에서 수천 마일 떨어진 사막에 있었다는 걸 잊지 마세요. 이 어린아이는 길을 잃었다거나, 지쳐 보이지 않았습니다. 배고파 보이거나 두려워 보이는 눈치도 없었습니다. 그는 사막 한가운데에서 길을 잃은 아이처럼 보이지 않았습니다.

So I lived alone for a long time, without anyone I could really talk to.
수년 동안 외로웠습니다. 나는 대화를 나눌 사람이 아무도 없었습니다.

3일

Because I had never drawn a sheep, I drew for him one of the two pictures I knew I could make the picture of the outside of a boa constrictor that had eaten an elephant. He looked at it. Then I was shocked to hear his saying.

나는 양을 그려본 적이 없기 때문에 내가 그릴 줄 아는 그림 두 개 중 하나인 코끼리를 삼킨 보아뱀을 그려주었습니다. 그는 그 그림을 바라보았습니다. 그리고 그 아이가 하는 말을 듣고 나는 깜짝 놀랄 수밖에 없었습니다.

Because I had never drawn a sheep, I drew for him one of the two pictures I knew I could make the picture of the outside of a boa constrictor that had eaten an elephant. He looked at it. Then I was shocked to hear his saying.

"No, no! I don't want a boa constrictor that has eaten an elephant.
Boa constrictors are very dangerous, and elephants are too big.
Where I live, everything is very small. I need a sheep. Draw me a sheep."

"아니, 아니! 코끼리를 삼킨 보아뱀은 싫어요.
보아뱀은 너무 위험하고 코끼리는 너무 크잖아요.
내가 사는 곳은 모든 것이 다 작아요. 나는 양이 필요할 뿐이에요. 양을 한 마리 그려주세요."

"This is just the box. The sheep you want is inside."
"이건 상자야. 네가 원하는 양은 바로 이 안에 들어 있어."

"This is just the box. The sheep you want is inside."

{ 4일 }

He took my drawing of a sheep out of his pocket and stared at it with pleasure. I was very interested in what the little prince said about 'other planets.'

그는 내가 그려준 양 그림을 주머니에서 꺼내서 뚫어지게 바라봤습니다. 아주 기쁜 얼굴이었습니다. 나는 그가 말한 '다른 별'이 흥미롭게 들렸습니다.

He took my drawing of a sheep out of his pocket and studied it with pleasure. I was very interested in what the little prince said about 'other planets.'

It took me a long time to understand where he came from.

어린 왕자가 어디에서 왔는지 알기까지 오랜 시간이 걸렸습니다.

"If he went straight ahead, he could not go very far."

"만약 그가 앞으로 곧장 간다고 해도 멀리 가지는 못할 거예요."

[5일] -------------------------------

On the first night in the desert, I fell asleep quickly. I was very tired. I was thousand of miles from anyone or anywhere, I felt more alone than a sailor alone on a beat in the middle of the ocean.

사막에서의 첫날 밤, 나는 아주 빨리 잠이 들었습니다. 굉장히 피곤했습니다. 나는 사람들이 사는 곳에서 수천 마일이나 떨어진 곳에 있었습니다. 바다 한가운데 떠 있는 보트에 홀로 있는 선원보다 더 혼자인 것처럼 느껴졌습니다.

On the first night in the desert, I fell asleep quickly. I was very tired. I was thousand of miles from anyone or anywhere, I felt more alone than a sailor alone on a beat in the middle of the ocean.

Therefore I had learned a second very important thing. That his planet of origin was hardly larger than a house.

그렇게 나는 두 번째 중요한 사실을 알게 됐습니다. 그의 별은 집 한 채 정도밖에 안 되는 크기라는 사실이었습니다.

6일

No one should read my book in a joking mood. Because writing about this makes me quite sad. It has already been six years since my friend left with his sheep. The reason for writing about him is that I will not forget him. It is a sad thing to forget a friend. Because not everyone has had a friend. And then I might become like the grown-ups someday who are not interested in anything except numbers.

어느 누구도 내 책을 장난처럼 읽지 않았으면 좋겠습니다. 이 이야기를 쓰면서 나는 무척 슬퍼졌기 때문입니다. 내 친구가 양을 데리고 떠난 지 벌써 6년이 지났습니다. 내가 지금 그와의 이야기를 쓰는 이유는, 그를 잊지 않기 위해서입니다. 친구를 잊는다는 것은 슬픈 일일 수밖에 없습니다. 모든 이들에게 친구가 있는 것은 아니니까요. 그리고 언젠가 나도 숫자 말고는 흥미를 못 느끼는 어른이 될지도 모릅니다.

My little friend never explained these things to me. He probably thought that I was like him. He probably thought that I understood everything by myself. But I cannot see the sheep inside the box. Perhaps I have become like the grown-ups. I had to grow up.

내 작은 친구는 나에게 아무것도 설명해주지 않았습니다. 아마 어린 왕자는 내가 그와 닮았다고 생각했을지도 모릅니다. 그리고 아마 내가 모든 것을 이해한다고 여겼을 겁니다. 하지만 나는 상자 안에 있는 양을 볼 수 없습니다. 그렇게 나도 어른이 되었던 건지도 모릅니다. 나 또한 나이를 먹을 수밖에 없으니까요.

If they are traveling someday, this map help them.
언젠가 그들이 여행을 떠난다면 이 지도가 도움될 거예요.

If they are traveling someday, this map help them.

7일

Oh! Little prince, Gradually, this was how I came to understand your sad little life.
아! 어린 왕자, 나는 그렇게 서서히 너의 어린 삶의 슬픔을 이해하게 됐단다.

"You know? when you are sad, watching the sunset makes you feel better……"

"알아요? 슬플 때는 일몰을 바라보면 기분이 나아져요……."

"You know? when you are sad, watching the sunset makes you feel better……"

"Thorns are useless for anything- they're just the flowers' way of being mean!"

"가시는 어디에도 쓸모가 없어. 꽃들은 심술을 부리느라 가시를 세우는 거야!"

"Thorns are useless for anything- they're just the flowers' way of being mean!"

[8일]

All of a sudden, he burst out sobbing. Night had fallen. I stopped everything I had been doing. I didn't care about my plane or my hunger, or even the possibility of dying. There was, on a star, on a planet-this planet, my planet, the Earth-a little prince who was unhappy.

그는 갑자기 흐느끼기 시작했습니다. 날이 어두워졌고 나는 하던 일을 전부 멈췄습니다. 비행기나 배고픔, 혹은 죽음의 가능성까지 신경 쓰지 않았습니다. 어느 별, 바로 이 별, 나의 별, 내가 사는 이 지구에서 불행해 하는 어린 왕자가 있었습니다.

I took him in my arms. I held him.

나는 두 팔로 그를 끌어안았습니다. 그를 붙잡았습니다.

I took him in my arms. I held him.

I told him.

"The flower you love is not in danger……. I will draw something to protect your flower……. I……."

I didn't know how to tell him.

The land of tears is not such a faraway place.

어린 왕자에게 말했습니다.

"네가 사랑하는 그 꽃은 위험하지 않아……. 네 꽃을 보호할 수 있는 것을 그려줄게……. 내가……."

나는 정말 그에게 뭐라고 말해야 할지 몰랐습니다.

눈물의 나라는 멀리 있지 않았습니다.

[9일]

"I never really understood her! I should have judged her by her actions and not by her words. She made my world beautiful. I never should have left! I should have seen the sweetness beneath her foolish games. Flowers are so contradictory! But I was too young to know how to love her."

"나는 그녀를 전혀 이해하지 못했어요. 나는 그녀의 말이 아니라 행동으로 판단해야 했어요. 꽃은 내 세상을 아름답게 만들어줬어요. 내가 그렇게 떠나는 게 아니었는데! 그 바보 같은 장난에는 달콤함이 있다는 걸 보지 못했어요. 꽃들은 너무 까다로워요! 하지만 나는 너무 어려서 그녀를 사랑하는 방법이 무엇인지 알 수 없었어요."

"If I want to meet butterflies, I must endure a few caterpillars. I've heard that butterflies are very beautiful."

"만약 나비를 만나고 싶다면 약간의 벌레는 견뎌내야겠죠. 나비는 무척 아름답다고 들었어요."

[10일]

I think that for his escape, he took advantage of the migration of wild birds.
나는 그가 철새들의 이동을 이용해 섬을 빠져나왔다고 생각합니다.

I think that for his escape, he took advantage of the migration of wild birds.

She didn't want him to see her crying. She was very proud a flower……
그녀는 그에게 우는 모습을 보여주기 싫었습니다. 그녀는 자존심이 강한 꽃이었거든요……

For she didn't want him to see her crying. She was a very proud flower……

He was surprised by the absence of reproaches. He just stood there, quite bewildered, with the dome poised in mid-air. He did not understand this quiet sweetness.

그는 비난이 없다는 사실에 놀랐습니다. 너무 당황스러워서 덮개를 든 채로 서 있었습니다. 그는 꽃의 조용한 다정함을 이해할 수 없었습니다.

11일

"I believe that somewhere on my planet, there is an old rat. I can hear him at night. You can judge that old rat. You will condemn him to death from time to time. Thus his life will depend upon your justice. But on each occasion you will spare him so as to keep him alive. He is the only one we have."

"내 별 어딘가에 늙은 쥐 한 마리가 살고 있는 게 분명해. 나는 매일 밤 그의 소리를 들을 수 있단다. 너는 그 늙은 쥐를 심판해도 되고 때때로 사형을 내려도 좋아. 그 쥐의 생명이 너의 손에 달린 셈이야. 하지만 그때마다 그 쥐를 다시 살려두어야 한단다. 그는 우리가 가진 유일한 생명체거든."

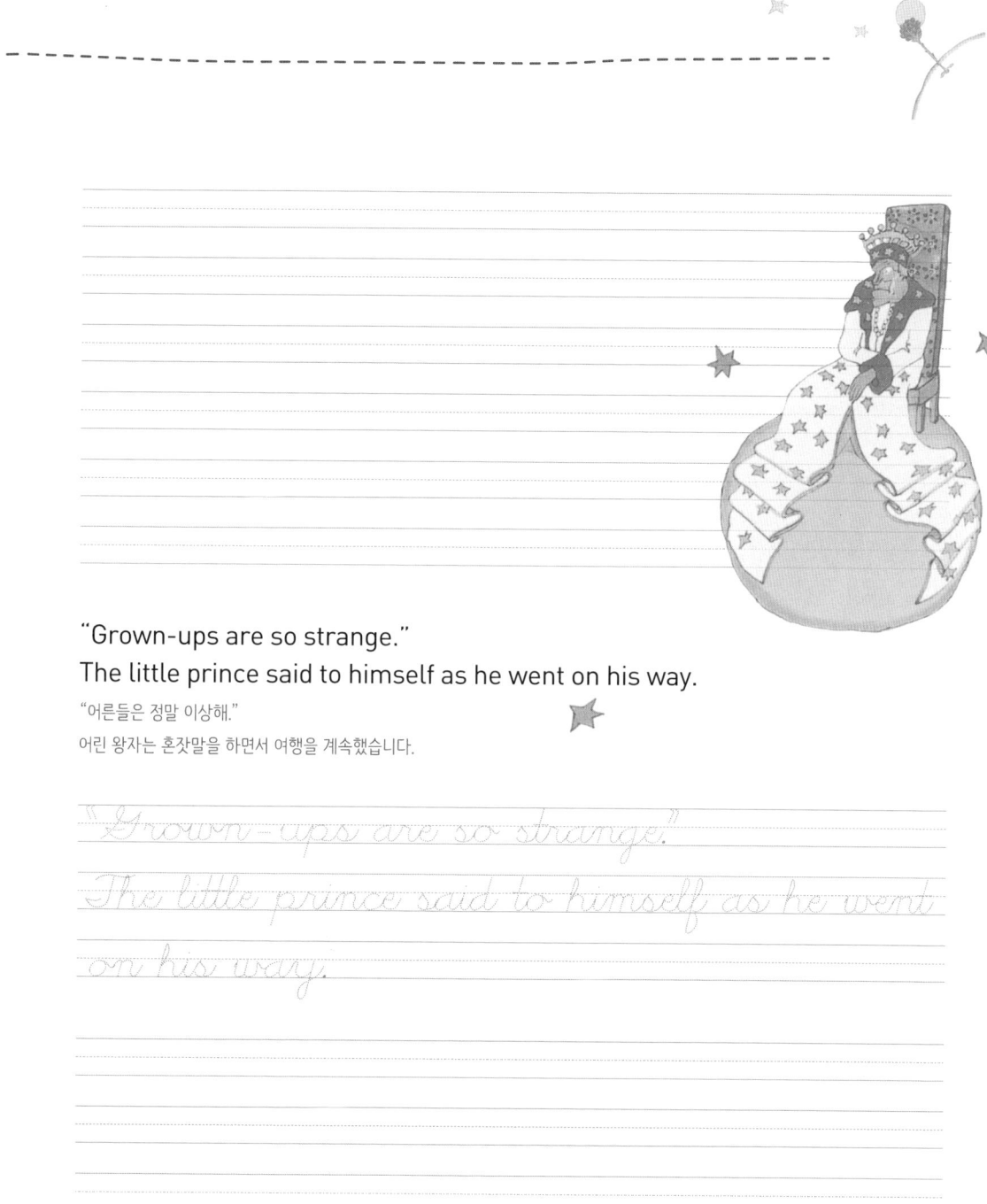

"Grown-ups are so strange."
The little prince said to himself as he went on his way.

"어른들은 정말 이상해."
어린 왕자는 혼잣말을 하면서 여행을 계속했습니다.

"Grown-ups are so strange."
The little prince said to himself as he went on his way.

12일

"If I have a scarf, I can tie it around my neck and take it away. If I have a flower, I can pick it and take it away. But you can't pick the stars!"

"만약 저에게 스카프가 있다면 전 그걸 목에 두르고 벗을 수도 있어요. 꽃이 있다면 그것을 꺾어서 들고 다닐 수 있어요. 하지만 당신은 별을 딸 수 없어요!"

"He is the only one who doesn't strike me as ridiculous. Perhaps it's because he's thinking of something besides himself."

그는 어리석지 않은 유일한 사람이었어. 그건 아마도 자신이 아닌 다른 것을 생각하는 유일한 사람이었기 때문일 거야."

13일

"What does ephemeral mean?"
"It means 'which is threatened by imminent disappearance.'"
"Is my flower threatened by imminent disappearance?"
"Of course."

"덧없다는 게 어떤 뜻이죠?"
"그건 언제든 사라질 수 있다는 말이야."
"그렇다면 내 꽃도 사라질 수 있다는 말인가요?"
"그야 물론이지."

"She has only four thorns with which to defend herself against the world! And I've left her all alone where I live!"

"그녀가 세상의 위험에서 그녀 자신을 구할 수 있는 것은 가시 네 개뿐이야. 그리고 나는 그 꽃을 혼자 두고 떠났어!"

13일

"I wonder whether the stars shine so that everyone can find their own, someday."

"별이 반짝이는 이유가 언젠가는 모두가 자신의 별을 찾을 수 있게 하기 위해서인지 궁금해."

It is just as lonely among people.

외로운 건, 사람들 사이에서도 마찬가지예요.

The little prince went away, thinking of his flower.
어린 왕자는 그의 꽃을 생각하면서 길을 떠났습니다.

It is just as lonely among people.

Grown-ups, of course, won't believe you. They're convinced they take up much more room. They consider themselves as big and important as the baobabs. So you should advise them to make their own calculations-they love numbers, and they'll enjoy it. But don't waste your time on this extra task. It's unnecessary. Trust me.

물론, 어른들은 믿지 않을 거예요. 그들은 그들이 많은 공간을 차지하고 있다고 여기고 싶어 하거든요. 자신들이 바오바브나무처럼 크고 중요하다고 믿고 있어요. 하지만 우리는 그들을 걱정하느라 시간을 낭비하지 않아요. 그건 불필요하거든요. 나를 믿어요.

14일

I thought I was rich, with a flower unique in the world, whereas in fact all I had was a common rose. That, and my three volcanoes which camp up to my knees, of which one is perhaps extinct forever……

나는 내가 부자인 줄 알았어. 나에게 세상에 하나뿐인 특별한 꽃이 있었으니까. 사실 내가 가진 장미는 그저 평범한 장미에 불과했어. 내가 갖고 있는 화산은 겨우 내 무릎 높이까지 올 뿐이고 그중 하나는 휴화산일 뿐이야…….

"If you tame me, we shall need one anther."
"만약 네가 나를 길들인다면, 우리는 서로에게 필요한 존재가 될 거야."

"Where I lived I had a flower. And she always spoke first……."
"내가 살던 곳에는 꽃이 있었지. 그 꽃은 언제나 먼저 말을 걸었는데……."

15일

"If you always come at four o'clock in the afternoon, then I will start to feel happy around three. The nearer it gets to four o'clock, the happier I will feel. At four I will be so exited! I will know what happiness is! But if you come at a different time each day, I will not know when I should start to prepare to be happy……. We must have a ritual."

"만약 네가 오후 네 시에 온다면, 나는 세 시부터 행복해지기 시작할 거야. 네 시가 가까워질수록 난 더 행복해지겠지. 네 시가 되면 나는 정말 흥미진진해질 거야! 행복이 무엇인지 알게 되겠지. 하지만 네가 매일 다른 시간에 오면, 난 언제부터 마음의 준비를 시작해야 할지 알 수 없잖아……. 우리는 의식을 가져야 해."

You see clearly only with your heart. Nothing important can be seen with your eyes.

마음으로 보아야 분명해져. 정말 중요한 것은 눈에 보이지 않거든.

"Here is my secret. It is very simple. If we do not see clearly, except when we look with our hearts. The things that are most important cannot be seen with our eyes."

"내 비밀을 알려줄게. 이건 아주 간단해. 마음으로 보지 않는다면 제대로 볼 수가 없어. 가장 중요한 건 눈에 보이지 않아."

"Here is my secret. It is very simple. If we do not see clearly, except when we look with our hearts. The things that are most important cannot be seen with our eyes."

"Only the children know what they're looking for."
"오직 어린 아이들만이 자기가 찾는 게 무엇인지 아는구나."

"If I had fifty-three minutes, I would walk slowly toward a well of fresh water."
"만약 나에게 53분이 있다면 나는 아주 천천히 신선한 물이 있는 우물로 걸어갈 텐데."

"The stars are beautiful. They are beautiful because somewhere there is a flower that I cannot see from here."

"별들이 너무 아름답네요. 여기에서는 보이지 않는 꽃이 어딘가에 있기 때문에 아름다운 거죠."

The desert is beautiful, because it hides a well somewhere.
사막이 아름다운 건 어딘가에 샘물을 숨기고 있기 때문이야.

"I am glad that you agree with my friend, the fox"

"아저씨가 내 친구 여우와 같은 생각을 한다는 게 기뻐요."

"I am glad that you agree with my friend the fox"

17일

As his lips opened slightly with the suspicion of a half-smile, I said to myself once again. 'What moves me so deeply about this little prince sleeping here is his loyalty to a flower, the image of a rose shining through his whole being like the flame of a lamp, even when he is asleep…….' And I felt him to be more fragile still.

반쯤 미소 지으며 자고 있는 어린 왕자의 입술을 보면서 나는 다시 중얼거렸습니다. '여기서 자고 있는 어린 왕자에게 깊은 감명을 받는 이유는 꽃을 향한 그의 애정, 그가 자고 있을 때조차도 램프의 불꽃처럼 꽃을 향한 마음이 빛나고 있기 때문이지…….' 나는 여전히 그가 연약하다고 느껴졌다.

One runs the risk of crying a bit if one allows oneself to be tamed······.
사람은 길들여지면 조금 울 수도 있는 위험에 빠지게 되죠······.

The morning sun, the desert sand is the color of honey. And that color was making me happy. Why did I still feel sad?

아침의 햇살과 사막의 모래는 꿀과 같은 색이었습니다. 그 색은 나를 기쁘게 만들어주었어요. 그런데 왜 나는 아직도 슬플까요?

If you love a flower which happens to be on a star, it is sweet at night to stare at the sky. All the stars are a bunch of flowers.

별에 사는 꽃 한 송이를 사랑하게 되면 밤하늘을 바라보는 것만으로도 행복해져요. 모든 별이 꽃처럼 보이거든요.

18일

I could sense that something quite extraordinary was about to happen. I was holding him tightly in my arms like a child and yet it seemed to me that he was slipping straight down into an abyss, and I could do nothing to prevent it…….

무언가 이상하고 끔찍한 일이 벌어지고 있었습니다. 나는 어린 왕자를 어린아이 안듯이 두 팔로 감싸고 있었습니다. 하지만 어떻게 해도 어린 왕자가 내 품에서 미끄러지듯 빠져나가고 있는 것처럼 느껴졌습니다…….

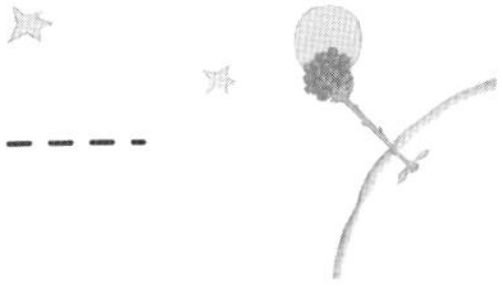

There was nothing more than a flash of yellow close to his ankle. He stood motionless for a moment. He did not cry out. He fell as gently as a tree falls. there was not the slightest sound ever, because of the sand.

어린 왕자 발목 근처에는 노란빛보다 더 반짝이는 건 보이지 않았습니다. 어린 왕자는 잠깐 그대로 서 있었습니다. 그는 우는 소리를 내지 않았습니다. 나무처럼 쓰러지듯 천천히 떨어졌습니다. 모래 때문인지 아주 작은 소리조차 들리지 않았습니다.

I love to listen to the stars at night. It is like listening to five hundred million little bells.

나는 밤마다 별들의 소리를 듣는 걸 좋아해. 그건 마치 오억 개의 종소리를 듣는 것과 같아.

19일

And now, six years have already gone by······. I have never told this story before. When I returned, the companions who met me were glad to see me alive. I was sad but told them I was tired······.

그 일이 지나간 지 벌써 6년이 흘렀습니다. 나는 이 이야기를 다른 곳에서 한 적이 없습니다······. 친구들은 살아있는 나를 보고 기뻐했습니다. 나는 슬펐지만, 그들에게는 그저 피곤해서라고 말했습니다······.

Look at the sky. Ask yourselves. "Has the sheep eaten the flower, yes or no?" And you will see how everything changes…….

하늘을 보고 스스로에게 물어보세요. "양이 꽃을 먹었을까 안 먹었을까?" 그러면 모든 것이 어떻게 바뀌는지 알 수 있을 거예요…….

Look at the sky. Ask yourselves. "Has the sheep eaten the flower, yes or no?" And you will see how everything changes…….

This is indeed a great mystery. For those of you, like me, who love the little prince, nothing in the universe can be the same while somewhere, nobody knows where, a sheep which we have never seen may or may not have eaten a flower…….

정말 신비로운 일입니다. 나처럼 어린 왕자를 사랑하는 사람들에게는 아무도 모르는 어딘가에서 우리가 본 적 없는 양이 꽃을 먹었는지 안 먹었는지에 따라 온 세상이 달라지는 것입니다…….

For me, this is the loveliest and the saddest landscape in the world.
나에게 이곳은 세상에서 가장 사랑스러운 곳이자 가장 슬픈 곳입니다.

For me, this is the loveliest and the saddest landscape in the world.

 <u>연습장</u> 다시 만날 줄 알았어, 어린 왕자 -------------------

내 마음에 깊이 남아있는 어린 왕자의 문장을 필기체로 써보세요.

135

영어 필기체로 만나는
어린왕자 영어 필기체 필사

개정1판 1쇄 발행 2025년 9월 13일

원저	앙투안 드 생텍쥐페리
엮은이	편집부
펴낸이	곽철식
영문편집	이종찬
영업기획	박미애
디자인	임경선
인쇄	영신사
펴낸곳	다온북스
출판등록	2011년 8월 18일 제311-2011-44호
주소	경기도 고양시 덕양구 향동동 391 DMC플렉스데시앙 KA 1504호
전화	02-332-4972
팩스	02-332-4872
전자우편	daonb@naver.com

ISBN 979-11-93035-91-7 (03400)

ⓒ 2025, 다온북스

- 이 책은 저작권법에 따라 보호를 받는 저작물이므로 무단전재와 복제를 금하며, 이 책 내용의 전부 또는 일부를 사용하려면 반드시 저작권자와 다온북스의 서면 동의를 받아야 합니다.
- 잘못되거나 파손된 책은 구입한 서점에서 교환해 드립니다.